Nähen mit
VEGATEX

enjoy

Handmade

VORWORT

Vegatex – noch nie gehört? Wie gut, dass Sie dieses Buch in den Händen halten, denn an dem lederähnlichen Trendmaterial kommt gerade kein Kreativkopf vorbei!

Vegatex ist in drei verschiedenen Ausführungen erhältlich – je nach Herstellungsverfahren ist die Oberfläche glatt, strukturiert oder weist einen effektvollen Vintage-Look auf. Es verbindet viele tolle Eigenschaften mit der Optik von Leder, weshalb es auch gern als „veganes Leder" bezeichnet wird.

Das langlebige Material besteht aus einer äußerst robusten, festen Papier-Kunststoff-Mischung und hält selbst hoher Beanspruchung stand. Es ist so bestens geeignet für Taschen, Geldbörsen, Armbänder, Wohnaccessoires und vieles mehr. Sogar eckige Formen, wie z. B. bei Schachteln oder Boxen bleiben ohne verstärkende Vlieseinlage stabil. Je nach Verarbeitung erhält es ein anderes Erscheinungsbild: Es lässt sich waschen, bügeln, vernähen, (be)kleben, besticken, bedrucken, färben, bemalen, bestempeln, prägen, stanzen, plotten, falzen, flechten usw. …

Fazit: Die genialen Eigenschaften machen Vegatex zu einem spannenden Multitalent mit vielfältigen Einsatzmöglichkeiten. Das coole Material birgt unglaublich viel Inspiration und Potenzial für handgefertigte Unikate! Selbst einfache Modelle wie Mousepads mit minimalem Aufwand garantieren maximale Wirkung.

Und jetzt sind Sie dran mit Ausprobieren… Aber Vorsicht, Suchtgefahr!

Ihre

Karin Roser

Karin Roser

INHALT

MATERIALIEN, VERARBEITUNG UND WERKZEUGE

VEGATEX

Das außergewöhnliche Material erinnert an die Herstellerlabel, die häufig am hinteren Bund von Jeanshosen zu finden sind. Vegatex ist 100% vegan, weder umwelt- noch gesundheitsschädlich und kann bedenkenlos für Kinderspielzeug verwendet werden. Es besteht aus einer extrem reißfesten und stabilen Papier-Kunststoff-Mischung (Zellulose und Latex), verzieht sich nicht und ist lichtecht. Sowohl Vorder- als Rückseite können am fertig genähten Modell außen sichtbar sein. Die Oberfläche ist abriebfest und bildet keine Fussel oder Knötchen. Weitere positive Merkmale sind: beim Zuschneiden muss kein Fadenlauf berücksichtigt werden, stabilisierende

Vlieseinlagen sind nicht notwendig, eine aufwändige Kantenverarbeitung wie Säumen entfällt und das Einnähen von Reißverschlüssen ist sehr einfach.

Vegatex wird in Deutschland hergestellt. Es hat ein geringes Gewicht (ca. 350 g/m²), eine Stärke von 0,55 mm und ist in drei verschiedenen Qualitäten als zusammengerollte Bögen in folgenden Maßen erhältlich: 50 cm x 37,5 cm, 50 cm x 75 cm, 100 cm x 75 cm und 100 cm x 150 cm. „Basic" und „Effekt" gibt es in den Farben Weiß, Sahara, Braun, Stein und Schwarz, „Vintage" in Sand und Grau.

Tipp

Wenn Sie gerade nur kleine Bögen (50 cm x 37,5 cm) oder Reste zur Hand haben, jedoch ein größeres Nähprojekt realisieren wollen, setzen Sie einfach mehrere kleine Vegatexstücke zu einer großen Fläche zusammen. Dazu die Kanten l-a-r zusammennähen, damit die Naht schön flach wird und am besten Stich und Nähfaden dekorativ wählen – so entsteht garantiert ein tolles Unikat!

„**Basic**" ähnelt optisch einem dicken, matten Fotokarton, ist ziemlich steif und standfest. Die Oberfläche auf der Vorderseite ist fast glatt bzw. minimal strukturiert, auf der Rückseite ist sie ganz glatt. Waschen (siehe Seite 6) verleiht dem Material eine lederartige Struktur, ähnlich wie bei „Effekt", jedoch nicht so gleichmäßig. Durch kräftiges Knautschen erhält das Material einen interessanten Used Look, wird weicher und lässt sich dadurch besser nähen und wenden.

„**Effekt**" Gibt es in fünf verschiedenen Farben. Die edle Lederoptik entsteht durch ein spezielles, maschinelles Herstellungsverfahren, bei der auf beiden Seiten die Oberfläche gleichmäßige, feine Fältchen erhält. „Effekt" ist etwas weicher und geschmeidiger als „Basic".

„**Vintage**" Die Hell-/Dunkelkontraste bewirken auf beiden Seiten einen besonders schönen Used Look, so dass der Eindruck vermittelt wird, die Oberfläche hätte durch normalen Gebrauch ihre Patina erhalten. Diese lässt sich mithilfe von Schleifpapier noch verstärken. Vorder- und Rückseite sind farblich unterschiedlich und können wunderbar kombiniert werden. „Vintage" ist, ebenso wie „Effekt", etwas weicher und geschmeidiger als „Basic".

PFLEGEHINWEISE

Waschen

Alle Vegatex-Qualitäten können in der Waschmaschine bei bis zu 60 Grad mit normalem Waschmittel gewaschen werden, das Material färbt nicht aus. Soll Vegatex später ein Bügelmotiv erhalten, darf kein Weichspüler verwendet werden.

Vegatex „Basic" geht beim Waschen minimal ein, weil es sich dabei leicht zusammenzieht bzw. sich Fältchen bilden. Es erhält eine lederartige Optik und Struktur und wird geschmeidiger, verliert allerdings ein wenig an Standkraft. Für weniger Fältchen sollte die Schleudergeschwindigkeit reduziert werden. Um eine stärkere Fältchenbildung zu erreichen das Material im feuchten Zustand noch weiter kneten und knüllen. Für manche Techniken empfiehlt es sich, ungewaschenes „Basic" zu verwenden, um ein schönes Ergebnis zu erzielen – soll die glatte Oberfläche erhalten bleiben, darf sie nur unter fließendem Wasser gereinigt werden.

„Vintage" dehnt sich beim Waschen etwas aus, deshalb sollten Teile nicht im feuchten Zustand aufeinander genäht werden. Beim Trocknen zieht es sich wieder auf die ursprüngliche Größe zusammen.

Hinweis

Stoffe, die mit Vegatex zusammen verarbeitet werden, sollten vor dem Vernähen je nach Pflegeempfehlung gewaschen werden, um ein späteres Einlaufen zu vermeiden. Für reine Dekorationsobjekte, die später nicht waschbar sein müssen, ist das Vorbehandeln nicht erforderlich. Vegatex lässt sich besonders gut kombinieren mit festen Stoffen wie dickerer Baumwolle, Leinen, Jeans, Jute, Canvas. Aber auch Wachstuch und Filz sind bestens geeignet.

Trocknen/Bügeln

Vegatex ist trocknergeeignet, der Knittereffekt wird im Vergleich zum liegend Trocknen noch verstärkt. Um die Knitteroptik zu reduzieren, kann Vegatex bei mittlerer bis hoher Hitze und mit Dampf gebügelt werden. Noch besser gelingt es, wenn das Material zuvor angefeuchtet oder gleich nach dem Waschen im noch feuchten Zustand gebügelt wird, die lederartige Struktur bleibt dabei erhalten.

Aufbewahren

Damit das Material keine unerwünschten Falten bekommt, sollte es gerollt oder flach gelagert werden.

VERARBEITUNG UND WERKZEUGE

SCHNITTMUSTER ÜBERTRAGEN

Schnittmusterpapier (Butterbrot-, Back- oder Transparentpapier sind ebenfalls geeignet) auf den Bogen bzw. das Muster legen und mit Bleistift alle Konturen und Markierungen nachzeichen. Kleine Schnittteile können auch fotokopiert werden. Dann den Papierschnitt ausschneiden, auf das Vegatex legen und die Außenkontur mit Kreidestift, Bleistift oder Trickmarker aufzeichnen.

Zum Übertragen der inneren Linien und Markierungen gibt es verschiedene Möglichkeiten, z. B.
mithilfe von Schneiderkopierpapier, welches in
verschiedenen Farben erhältlich ist. Während
auf Stoff die Linien mit einem Kopierrädchen
übertragen werden, eignet sich bei Vegatex
besser die abgerundete Spitze einer Stricknadel
o.ä. – denn durch das Kopierrädchen könnten
kleine Vertiefungen entstehen. Falzlinien lassen
sich auch einfach übertragen, indem diese auf
dem Papierschnitt mit einem Kugelschreiber
nachgezogen werden, dadurch entsteht eine
leichte Prägung auf dem Vegatex.

SCHNEIDEN

Vegatex lässt sich mit gängigen Schneidewerkzeugen wie Schere, Rollschneider, Bastelmesser und Cutter zuschneiden. Auch feine und filigrane Formen sind möglich, das Material franst nicht aus und selbst sehr schmale, ca. 3 mm breite Streifen wie z. B. für Quasten oder Flechtbänder, sind noch extrem stabil.

Mit Rollschneider und Lineal lassen sich gerade Kanten schnell und exakt zuschneiden. Sehr praktisch für Streifen und geometrische Formen sind Patchworklineale oder Geodreiecke, denn das transparente Material ermöglicht das Zuschneiden ohne vorheriges Markieren. Um die Tischplatte zu schützen, muss eine spezielle Schneidematte untergelegt werden.

Kanten lassen sich dekorativ mit Zierrandscheren beschneiden. Werkzeuge für Stoffe sollten nicht für Vegatex verwendet werden, weil der Papieranteil sie mit der Zeit stumpf machen würde.

Tipp
Bewahren Sie auch sehr kleine Reste auf, denn sie machen sich prima als Akzente an Kleidung, Anhänger an Reißverschlussschiebern, Label, Etiketten, Schmuckteilchen, Geschenkanhänger etc.

FIXIER- UND KLEBEHILFEN

Klammern Da bei Vegatex Einstiche sichtbar bleiben, sollten Stecknadeln nur innerhalb der Nahtzugaben verwendet werden. Besonders gut zum Fixieren sind Stoffklammern (Wonder Clips). Auch Büroklammern können eingesetzt werden, fixieren jedoch schwächer als Clips und eignen sich daher nur für gerade Kanten.

Kleber Textil- oder Kraftkleber eignet sich für schnelles und dauerhaftes Kleben. Vor allem wenn Vegatexteile aufgrund ihrer Form oder Position schwierig mit Clips zu fixieren sind, sollten sie vor dem Nähen mit Kleber befestigt werden. Für Bastelarbeiten kann auch Holzleim, Bastel- oder Heißkleber verwendet werden.

Klebeband Das doppelseitig klebende, transparente Band („Wonder Tape", 4 und 6 mm breit) ermöglicht an für Clips unzugänglichen Stellen kurzzeitiges Fixieren und eignet sich u. a. für aufgesetzte Taschen, Zierbänder und Reißverschlüsse. Es ist auswaschbar und hinterlässt keine Rückstände.

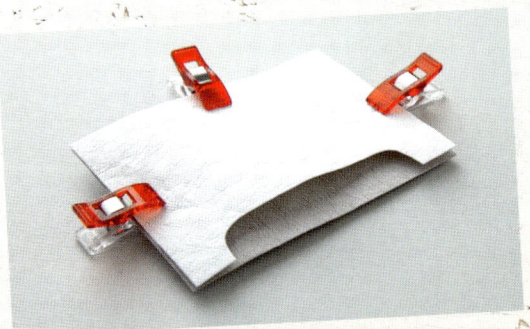

NÄHMASCHINE

Zum Nähen eignet sich eine herkömmliche Näh-maschine. Auch eine Overlock kann eingesetzt werden, jedoch ohne Schneide-Funktion, da das Messer sonst stumpf wird.

Sticheinstellung Für die meisten Näharbeiten ist ein Geradstich mit Länge 3 bis 3,5 mm empfehlenswert, damit das Material nicht zu stark perforiert wird. Je nach Verwendung und gewünschter Optik sind aber auch kleinere Stichlängen möglich. Werden mehre-re Lagen zusammengenäht, sollte eine Stichlänge von 4 mm eingestellt werden. Für sichtbare Nähte auf der Außenseite kann, falls an der Nähmaschine vorhanden, der optisch auffälligere 3-fach-Gerad-stich eingestellt werden.

Fadenspannung Die normale Fadenspannung wählen.

Nähmaschinennadeln Mit der Universalnadel (Stärke 70) können problemlos zwei Lagen zu-sammengenäht werden. Bei mehr Lagen dickere Nadeln verwenden.

Nähfüße Wegen seiner geringen Stärke werden für Vegatex keine Spezial-Nähfüße benötigt.

Nähfaden Allesnäher (Universalfaden) ist für normale Nähte geeignet. Für dekorative Akzente können u. a. Maschinenstickfäden und Effektgar-ne verwendet werden.

NÄHEN

Damit die Vegatexteile besser umgefaltet werden können bzw. zum Nähen flach liegen bleiben empfiehlt es sich, die im Schnittmuster markier-ten Linien vorher zu falzen (siehe Seite 13).

Nadeleinstiche bleiben sichtbar, das Auftrennen von Nähten sollte daher möglichst vermieden werden. Fadenenden an Nahtanfang und -ende sichern/verriegeln. An sichtbaren Stellen ist es besser, falls vorhanden, die Taste mit „Vernäh-funktion" zu betätigen. Oder den Oberfaden zur Rückseite ziehen und dort beide Fäden zusam-menknoten. Werden Nähobjekte später stark beansprucht, wie z. B. bei Taschen, sollten Nähte nicht zu knapp am Rand liegen, denn sonst könn-ten Kanten evtl. ausreißen.

Je nach Verwendungszweck bzw. gewünschter Optik kann Vegatex ungewaschen oder vorgewa-schen verarbeitet werden. Einige Modelle lassen sich leichter anfertigen, wenn es im feuchten Zustand verarbeitet wird (in der Anleitung wird darauf hingewiesen), entweder gleich nach dem Waschen in der Waschmaschine oder durch Besprühen mit Wasser.

Es ist empfehlenswert, vor dem Nähen eine Probenaht auf Resten anzufertigen, dazu gleiche Materialien und gleiche Anzahl von Lagen wie beim späteren Nähprojekt verwenden.

BESTICKEN

Vegatex kann mit der Näh- oder Stickmaschine bestickt werden, auf der Rückseite sollte dabei Stickvlies verwendet werden. Empfehlenswert ist Bügelvlies, welches nach dem Sticken ausreißbar ist. Sowohl Zierstiche als auch größere Motive gelingen am besten, wenn sie nicht zu dicht gestickt werden. Des Weiteren sind eine langsame Stickgeschwindigkeit, Maschinenstickfaden, eine neue Nadel sowie die Stickprobe auf einem Rest empfehlenswert.

Für Verzierungen mit Maschinenstick- oder Decorfaden sollte eine Maschinensticknadel eingesetzt werden, da ihre breite Fadenrinne das Aufdrehen und Reißen des Fadens verhindert. Für glänzende, effektvolle Ziernähte und Stickereien kann Metallicgarn verwendet werden. Hierfür ist eine Metallicnadel erforderlich, deren speziell geschliffenes Nadelöhr das problemlose Durchgleiten des Fadens ermöglicht.

Auch Handstiche passen wunderbar zur Lederoptik. Die Löcher können dafür vorgestochen werden (dies ist jedoch nicht unbedingt erforderlich) und sollten falls möglich von der Vorderseite aus erfolgen, denn auf der Rückseite entsteht um die Ausstichstelle herum eine minimal erhabene Kante. Besonders gerade Kanten können mithilfe der Nähmaschine einfach und gleichmäßig gelocht werden, dazu mit dicker Nadel, einem langen Geradstich und ohne Faden „nähen". Für einen dekorativen Effekt z. B. Knopflochgarn, Sticktwist oder gewachstes Garn in Kontrastfarbe verwenden.

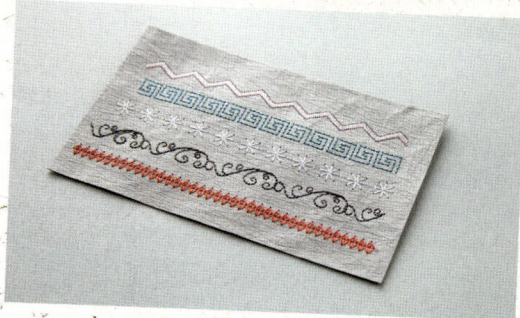

Hinweis
Vegatex „Basic" vorwaschen, falls das fertige Modell später in der Waschmaschine gewaschen werden soll.

VERSÄUBERN

Kanten versäubern oder säumen ist nicht erforderlich, weil das Material nicht ausfranst. Es passt auch sehr gut zum Stil des Materials, wenn auf der Außenseite des Nähprojektes offene Kanten sichtbar sind.

WENDEN/VERSTÜRZEN

Das Wenden ist nicht ganz einfach, da Vegatex sich nicht dehnt und ziemlich steif ist, vor allem das „Basic". Je nach Form werden etwas Kraft und Geduld benötigt, um das genähte Werk zu wenden, jedoch darf bei dem robusten Material ruhig beherzt zugegriffen werden. Das Wenden gelingt leichter, wenn das Material im leicht feuchten Zustand verarbeitet wurde oder direkt vor dem Wenden angefeuchtet wird.

Wer lieber mit trockenem Vegatex arbeitet, kann vor dem Nähen die Nahtlinien entlang den Kanten falzen (siehe Seite 13). Nach dem Wenden lassen sich die Nähte dadurch besser in Form bringen.

Welche Technik handlich und vorteilhaft erscheint, hängt von der individuellen Arbeitsweise ab und kann nur durch Ausprobieren herausgefunden werden.

Das Ausformen der Ecken und Nähte sollte sorgfältig erfolgen, dazu ist ein sogenannter Ecken- und Kantenformer empfehlenswert. Damit die Nahtzugaben auf der linken Seite schön ebenmäßig liegen bleiben, können sie von der rechten Seite aus festgenäht werden.

DIE WICHTIGSTEN FACHBEGRIFFE

Absteppen/Steppen Mit der Nähmaschine gerade Stiche nähen.

Füßchenbreit und schmalkantig absteppen Beim füßchenbreiten Absteppen wird die Vegatex- oder Stoffkante exakt entlang der rechten Nähfußkante geführt, beim schmalkantigen Steppen ca. 2 mm von der Kante oder Naht entfernt.

Nahtzugabe Abstand zwischen Nählinie und Schnitt- bzw. Vegatex-/Stoffkante. In der Anleitung wird angegeben, in welcher Breite Zugaben in den Schnittteilen bereits enthalten sind oder ob sie noch hinzugefügt werden müssen.

Nahtzahlen Gleiche Zahlen an unterschiedlichen Teilen müssen beim Zusammenfügen immer genau aufeinandertreffen.

Rechte/Linke Seite Die Oberseite, die beim fertigen Modell außen zu sehen ist wird als rechte, die Rückseite als linke Seite bezeichnet.

Rechts auf rechts Ein Vegatex-/Stoffteil wird mit der rechten Seite auf die rechte Seite eines anderen Teils gelegt, die linken Seiten zeigen also jeweils nach außen.

ABKÜRZUNGEN

r-a-r = rechts auf rechts

r-a-l = rechts auf links

l-a-l = links auf links

l-a-r = links auf rechts

NZG = Nahtzugabe

DEKORATIVE TECHNIKEN

FALZEN

Vegatex lässt sich prima falzen und falten; es reißt dabei nicht in der Oberfläche. Zum Falzen wird entlang der markierten Linie eine scharfe Knickkante erzeugt, dazu am besten ein Lineal anlegen und mithilfe eines Falzbeins eine Rille ziehen. Auch ein Embossing-Stift mit dünner Spitze kann als Werkzeug verwendet werden. Dekorativ gefalztes Vegatex sollte nicht gewaschen werden.

FÄRBEN

Vegatex kann mit Textilfarbe in der Waschmaschine gefärbt werden. Alle Farbvarianten sind möglich, für helle Farbtöne eignet sich weißes Vegatex am besten. Für kreatives Färben, z. B. Batiken, wird das Farbbad in einer Schüssel oder einem Eimer angesetzt. Es empfiehlt sich, „Basic" erst nach dem Färben zuzuschneiden, da es ein wenig einläuft.

BEMALEN

Vegatex ist auf unterschiedliche Arten bemalbar, am besten eignet sich dafür ungewaschenes „Basic". Je nach Vorliebe können Farben wie z. B. Stoffmal- und Acrylfarbe, mit dem Pinsel aufgetragen werden, eine einfachere Handhabung ermöglichen Stifte bzw. Marker mit Flüssigfarbe. Soll das Nähprojekt waschbar sein, müssen wasserfeste Farben verwendet werden. Auch Filz-, Gel-, Blei- und Buntstifte sowie Aquarell- und Wasserfarben sind geeignet, allerdings sind sie nicht wasserfest. Die Farbfläche kann jedoch mit einem speziellen, elastischen Fixierspray vor Schmutz geschützt werden.

BESTEMPELN

Soll das Nähprojekt waschbar sein, muss wasserfeste Stempelfarbe verwendet werden. Stempelmotive mit freien Innenflächen können nach Wunsch noch mit Farbstiften koloriert werden. Auf ungewaschenem, glattem „Basic" gelingt ein Stempelaufdruck am besten. Ist die Oberfläche hingegen strukturiert, können Unregelmäßigkeiten entstehen, die einen Used Look bewirken (siehe zum Beispiel Zeitschriftenhalter auf S. 52).

Schnell gefertigt sind kleine Etiketten oder Anhänger, wenn Sie entsprechende Formen aus Vegatex stanzen und mit einem passenden, hübschen Motiv bestempeln.

BEDRUCKEN

Transfer-Bügelfolie bietet tolle Möglichkeiten, Fotos, Grafiken und Zeichnungen auf Vegatex zu übertragen. Für ein schönes Ergebnis sollte es zuvor gewaschen (ohne Weichspüler!) und gebügelt werden. Je nachdem, ob helles oder dunkles Vegatex verwendet wird, gibt es dafür jeweils spezielle Folien. Das gewünschte Motiv mithilfe eines Tintenstrahldruckers auf die Transferfolie drucken. Schriftzüge müssen zuvor gespiegelt werden, damit sie später richtig erscheinen. Nach dem Trocknen die Folie abziehen und das Motiv mit höchster Temperatur auf das Vegatex bügeln.

Hinweis
Schlichte Stempelmotive lassen sich auch gut selber herstellen, siehe Zeitschriftenhalter auf Seite 52, Tipp.

STANZEN

Für schlichte kleine Motive können Handstanzer verwendet werden. Alle Vegatex-Qualitäten sind geeignet. Größere sowie filigrane Muster wie Bordüren mit perforierten Innenflächen gelingen mit einer Stanz- und Prägemaschine (siehe Foto „Prägen").

Tipp
Mit einer Loch-zange kann auf einfache Weise entlang von Vegatex-kanten ein dekoratives Muster gestanzt werden.

PRÄGEN

Mit einer Stanz- und Prägemaschine sowie dem entsprechenden Zubehör werden in einem Vor-gang ruckzuck tolle Muster auf Vegatex geprägt sowie Formen ausgeschnitten, auch komplizierte. Alle Vegatex-Qualitäten sind geeignet.

Wird die Prägeschablone mit Stempelfarbe eingefärbt, ergibt sich ein toller Effekt. Vegatex mit Prägung darf nicht gewaschen werden, denn dadurch würde sie verloren gehen.

PLOTTEN

Mit einem elektrischen Hobby- bzw. Schneide-plotter können beliebige Formen aus Vegatex, Stoffen und anderen Materialien ausgeschnitten werden. Weitere Funktionen des Plotters sind Perforieren, Prägen und Zeichnen. Mit geplotte-ten Motiven, z. B. aus Flock-, Flex- und Glitterfo-lie, lässt sich Vegatex individuell und sehr krea-tiv gestalten, die Motive werden einfach aufgebügelt. Es ist empfehlenswert, dafür das glatte Vegatex „Basic" zu verwenden.

MODELLE

WICKELARMBAND

Tipp

Ob ein Armband lieber anliegend oder locker am Handgelenk getragen wird, hängt vom eigenen Empfinden ab. Um die individuell bevorzugte Länge des Armbandes zu ermitteln, sollte das errechnete Maß für den Vegatexstreifen am besten zunächst auf festes Papier oder dünnen Karton gezeichnet und ausgeschnitten werden. So können Sie den Streifen probeweise umlegen und die Länge ggf. korrigieren.

GRÖSSE
Breite ca. 1 cm, Länge nach Wunsch

MATERIAL
Vegatex „Vintage" in Grau, ca. 60 cm x 4 cm

Gummikordel in Schwarz, ø 1 mm, 10 cm lang

1x Knopf mit Mittelsteg, ø 27 mm
(alternativ mit Knopflöchern zum Aufnähen)

Kraft- oder Textilkleber

ZUSCHNITT
Die individuell benötigte Armbandlänge berechnen:
3x Umfang des Handgelenks
+ 4 cm zum Umfalten (2x 2 cm an den Enden)
+ 2–4 cm für lockeren Tragekomfort

VEGATEX
1x Streifen A, Länge x 1 cm (Außenteil)

1x Streifen B, Länge abzgl. 8 cm x 1 cm (Innenteil)

SCHWIERIGKEITSGRAD
● ○ ○

1 Streifen B auf die linke Seite von Streifen A kleben, so dass die Längskanten bündig sind und bei A an den Enden jeweils 4 cm überstehen. Vom Außenteil aus Kanten schmal zusammennähen.

2 An einem Streifenende den Knopf auffädeln, dann das Ende 2 cm breit nach links umfalten und festkleben. Den Reißverschlussfuß einsetzen und vom Außenteil aus das Ende dicht am Knopf entlang festnähen.

3 Das andere Streifenende ebenso 2 cm breit nach links umfalten. Gummikordel zur Schlinge legen, Enden zusammen fest verknoten und am Streifenende einhängen, ggf. überstehende Kordelenden etwas kürzen. Streifenende festkleben, dabei den Knoten verdecken und vom Außenteil aus festnähen.

ARMBAND MIT BLUMENDECOR

1   Beim Streifen auf der linken Seite zwei Linien markieren und falzen: im Abstand von 1,5 cm zu einem Ende (c) sowie in der Mitte zwischen Strecke a und b (siehe Zeichnung, Schnitt-musterbogen A).

Strecke a stellt nun das Außen-, Strecke b das Innenteil dar.

Beim Dekoband ein Ende ca. 1 cm breit nach links umfalten, dann auf der rechten Seite des Außenteils a mittig festkleben, überstehendes Ende bündig an der Kante abschneiden.

2   Den Reißverschluss öffnen, obere Stopperteile und unteres Bandende abschneiden, Schieber entfernen. Bandhälften so auf die linke Seite von Außenteil a kleben, dass an den Längs-kanten die Zähnchen überstehen.

3   Gummikordel in die Handnähnadel fädeln und im Falz zwischen a und c von innen nach außen und wieder zurückstechen, sodass sich außen eine Schlinge bildet. Kordelenden zusammen fest verknoten, überstehende Enden etwas kürzen. Das Streifenende c nach links umfalten und festkleben.

4   Nun das Innenteil b umfalten, evtl. das Ende 5 mm kürzen und l-a-l auf Außenteil b festkleben. Das Band schmalkantig absteppen. Zuletzt den Knopf aufnähen.

GRÖSSE
Breite ca. 3 cm, Länge nach Wunsch

MATERIAL
Vegatex „Basic" in Braun, Rest
Reißverschluss in Grau mit Metallzähnchen (Länge = Umfang des Handgelenks)
Dekoband mit Blumenmuster, 12 mm breit, ca. 25 cm lang
Gummikordel in Schwarz, ø 1 mm, 10 cm lang
1 Knopf in Schwarz mit Steg oder Metallöse auf der Rückseite, ø 16 mm
Handnähnadel mit großem Öhr
Falzbein
Kraft- oder Textilkleber

ZUSCHNITT
Die individuell benötigte Armbandlänge berechnen: 2x Umfang des Handgelenks
+ 1,5 cm zum Umfalten
+ 3–4,5 cm für lockeren Tragekomfort (siehe Tipp Seite 18).

VEGATEX
1x Streifen, Länge x 2 cm

SCHWIERIGKEITSGRAD

ARMBAND MIT METALLTEILEN

1 Beim Streifen A auf der linken Seite im Abstand von 1,2 cm zu den Längskanten Linien markieren und falzen, dann Längskanten umfalten und zusammen mit breitem, offenem Zickzackstich festnähen.

2 Metallteile auf den Mittelstreifen B fädeln: Zuerst rundes Teil zur Mitte schieben, dann die Quadrate beidseitig mit ca. 5 mm Abstand positionieren. Streifen B mittig auf rechter Seite von Streifen A festkleben, sodass die Zickzacknaht verdeckt ist. Im Abstand von 1 cm zu den Enden Druckknopfteile gemäß Herstellerangaben befestigen.

GRÖSSE
Breite 2,5 cm, Länge nach Wunsch

MATERIAL
Vegatex „Vintage" in Grau, Rest (für den schmalen Streifen linke Seite vom grauen Vegatex verwenden)

Metallteile zum Aufschieben, silberfarben, 1x Rund mit Ornament, ø 18 mm und 2x Quadrat mit Rillen, 10 mm x 10 mm

1 Druckknopf in Schwarz, nähfrei, ø 15 mm

Falzbein

Kraft- oder Textilkleber

ZUSCHNITT
Die individuell benötigte Armbandlänge wie folgt berechnen:
1x Umfang des Handgelenks
+ 2 cm für den Verschluss
+ 3–4 cm für lockeren Tragekomfort
(siehe Tipp Seite 18)

VEGATEX
1x Streifen A, Länge x 5 cm (Außen-/Innenseite)
1x Mittelstreifen B, Länge x 1 cm

SCHWIERIGKEITSGRAD
● ● ○

ARMBAND IN GRAU

1 Bei Teil A und Streifen B auf der linken Seite die gestrichelten Linien falzen. Bei Teil A Längsseiten umfalten und festkleben, sofort Streifen B (linke Seite unten) mittig auf Streifen A über die umgefalteten Seiten kleben, dabei die überstehenden Enden zwischen den beiden Lagen von Teil A einschieben. Die Längskanten von Streifen B schmalkantig absteppen, dazu nach Wunsch einen Geradstich oder dekorativen Zierstich einstellen.

2 Zuerst am schmalen Bandende die oberen Druckknopfteile gemäß Herstellerangaben befestigen. Armband probeweise umlegen, Position für die unteren Druckknopfteile auf dem breiten Bandende markieren und Knopfteile entsprechend befestigen.

GRÖSSE
Breite 3–4 cm, Länge nach Wunsch

MATERIAL
Vegatex „Effekt" in Grau, Rest
2 Druckknöpfe in Altkupfer nähfrei,
ø 15 mm
Falzbein
Kraft- oder Textilkleber

ZUSCHNITT
Schnittmusterbogen A, Teile A + B.

Die individuell benötigte Armband-länge wie folgt anpassen:
Schnitt entlang der markierten Linie durchschneiden und verkürzen oder durch Einfügen eines Papierstreifens verlängern (siehe Tipp Seite 18).

VEGATEX
1x Teil A (innen)
1x Streifen B (außen)

SCHWIERIGKEITSGRAD
● ○ ○

ARMBAND MIT GEFLECHT

GRÖSSE
Breite 2,5 cm, Länge nach Wunsch

MATERIAL
Vegatex „Vintage" in Grau und Sand (für Streifen A die beige Rückseite verwenden) sowie „Basic" in Braun, Rest

Wachskordel in Schwarz, ø 1 mm

1x Holzperle in Braun, flach, ø 18 mm

Cutter

Lochzange

Sticknadel mit großem Öhr

Kraft- oder Textilkleber

ZUSCHNITT
Die individuell benötigte Armbandlänge berechnen: 1x Umfang des Handgelenks + 1-2 cm für lockeren Tragekomfort. Bei Teil A den Abschnitt zwischen den Pfeilen in individuell benötigter Länge aufzeichnen, dabei sollte die Anzahl aller Einschnitte ungerade sein.

VEGATEX
SAND 1x Streifen A, Länge abzgl. 2 cm
(= Außenteil)

GRAU 2x Streifen B, Länge x 2,5 cm
(= Innenteil)

BRAUN 1x Streifen C, 30 cm x 0,5 cm

SCHWIERIGKEITSGRAD
● ● ○

1 Beim Streifen A auf der linken Seite die markierten Linien mithilfe von Cutter und Lineal einschneiden.

2 Streifen C in Sticknadel einfädeln und den Streifenanfang bei Streifen A auf der linken Seite vor dem ersten Einschnitt festkleben. Jeweils Abschnitt 1 über 2 legen und Streifen C wie beim Weben zuerst über 1, dann unter 2 durchführen und wieder nach oben stechen (siehe Zeichnung, Schnittmusterbogen A). Fortlaufend wiederholen. Nach dem letzten Einschnitt das Ende von Streifen C zur linken Seite führen, kürzen und festkleben. Der eingeschnittene Abschnitt von Streifen A wird durch die Webtechnik etwas schmaler, deshalb die Längskanten an den nicht eingeschnittenen Enden anpassen bzw. etwas schmaler schneiden (ca. 2,2 cm breit).

3 Die Streifen B bündig aufeinanderkleben. Rückseite von Streifen A mit Kleber bestreichen, mittig auf Streifen B fixieren und rundum schmalkantig absteppen. Bei Streifen B an den Enden mittig Löcher stanzen. An einem Kordelstück Knoten aufs Ende schlingen, Perle auffädeln, dann das andere Kordelende durch ein Stanzloch zur Innenseite führen. Kordelende verknoten und abschneiden. Ein zweites Kordelstück doppelt legen und als Schlinge in der gewünschten Größe am anderen Stanzloch festknoten.

GRÖSSE

ca. 33 cm x 24 cm (geschlossen)

MATERIAL

Vegatex „Basic" in Stein, 50 cm x 80 cm

Baumwollstoff in Mint-Weiß mit Linien, 70 cm x 25 cm, Gelb-Weiß kariert, 10 cm x 40 cm

Beschichteter Baumwollstoff/Wachstuch in Türkis-Weiß gepunktet, 70 cm x 25 cm

Gummiband in Braun, 8 mm breit, 11 cm lang

Gurtband in Gelb, 35 mm breit, 70 cm lang

Applikation „Vogel" zum Aufbügeln, ca. 5 cm x 6 cm

3x Druckknopf „Color Snap" in Grün, ø 12,4 mm

Vliesofix, Rest

Malblock, DIN A4

Cutter

Falzbein

Kraft- oder Textilkleber

MALMAPPE

ZUSCHNITT
Schnittmusterbogen A, Teile A–E, Schnitte A + E
ab der Strich-Punkt-Linie/Mitte spiegelgleich
ergänzen. Die Schnittteile enthalten 1 cm NZG.

VEGATEX
1x Außenteil A

2x Innenteil B (rechtes und linkes Teil)

1x Innentäschchen C

STOFF MINT
1x Außentasche G, 35 cm x 15,5 cm

1x Stiftetasche E

STOFF GELB
1x Mittelstreifen F (innen), 5 cm x 35 cm

STOFF TÜRKIS
1x Außentasche H, 35 cm x 18,5 cm

1x Rechteck D (innen)

SCHWIERIGKEITSGRAD

1 Bei Außentaschen G und H die obere Längskante 2x 1 cm breit nach links umfalten und schmal festnähen. Bei Tasche H Applikation aufbügeln, evtl. ringsum festnähen. Außenteil A auf der linken Seite entlang den Strichellinien falzen. Zuerst G, dann H auf die rechte Seite des Außenteils legen. Seitenkanten nach links umfalten und festkleben, dann die Unterkante mit Zickzackstich festnähen. Beim Mittelstreifen F die Schmalseiten nach links umfalten, dann die Rückseite mit Vliesofix bebügeln und beim Außenteil auf der linken Seite mittig aufbügeln.

2 Das Gurtband für die Henkel halbieren. Jeweils 6,5 cm von den Enden entfernt eine Linie markieren. Den Abschnitt zwischen den Linien (22 cm) in Längsmitte doppelt legen und die offenen Kanten schmal zusammennähen. Bandenden jeweils 2 cm nach links umlegen, auf der rechten Seite des Außenteils aufkleben und festnähen.

3 Rechteck D mittig auf linkes Innenteil B legen und rundum schmal festnähen. Stiftetasche E entlang Stoffbruch r-a-r legen, offene Kanten bis auf Wendeöffnung zusammennähen. NZG auseinanderstreichen und an den Enden abschrägen. Wenden. Untere Kante einreihen, dazu auf der NZG lange Geradstiche (ca. 4 mm) steppen, Fadenenden an Anfang und Ende nicht sichern. Dann den Unterfaden anziehen bis die Kante 23 cm Länge hat. Aufs linke Innenteil legen und Unterkante schmal festnähen. Reihfäden entfernen. Mit Geradstich längs unterteilen, siehe Stepplinien.

4 Innentäschchen C auf der linken Seite entlang den Strichellinien falzen. Druckknopfteile gemäß Herstellerangaben befestigen. Täschchen auf linkes Innenteil legen, dann Seiten und Unterkante schmal festnähen. Gummiband halbieren, Enden jeweils 5 mm breit nach links umfalten und beidseitig vom Täschchen als Laschen aufnähen.

5 Beim rechten Innenteil B für den Einsteckschlitz im Abstand von 4 cm zur Oberkante und 1 cm zu den Seiten eine Linie markieren, dann mithilfe des Cutters einschneiden.

6 Innenteile l-a-l aufs Außenteil legen und Kanten ringsum durch alle Lagen schmal zusammennähen. Als Verschluss Druckknöpfe an den Außenecken befestigen. Rückwand des Malblocks in den Schlitz einschieben.

GELDBEUTEL

GRÖSSE

ca. 15 cm x 9,5 cm (geschlossen)

MATERIAL

Vegatex „Vintage" in Sand, 35 cm x 35 cm und „Effekt" in Schwarz, Rest

Reißverschluss in Schwarz, 14 cm lang

1 Metall-Druckknopf nähfrei, ø 15 mm

Stempelmotiv „Vogel", ca. 5 cm x 4 cm

Stempelkissen in Schwarz

Cutter

Falzbein

Kraft- oder Textilkleber

ZUSCHNITT

Schnittmusterbogen A, Teile A–D

Die Schnittteile ohne NZG zuschneiden. Bei Teil B den Ausschnitt für den Reißverschluss mithilfe des Cutters ausschneiden.

VEGATEX SAND

1x Beutel-/Klappenteil A

1x Beutelteil B

1x Klappeninnenteil D

VEGATEX SCHWARZ

1x Verschlussteil C

SCHWIERIGKEITSGRAD

1 Teile A bis C auf der linken Seite entlang den Strichellinien falzen und wieder auffalten. Den Reißverschluss so kürzen, dass das Band beidseitig ca. 6 mm länger ist als der Ausschnitt beim Beutelteil B (14 cm). Reißverschluss r-a-l über dem Ausschnitt festkleben, dann von rechts die Anschnittkanten rundum schmal absteppen.

2 Beim Verschlussteil C die untere Schmalseite nach links umfalten und untere Druckknopfteile gemäß Herstellerangaben befestigen. Dann die untere Schmalseite auf die rechte Seite von Beutelaußenteil B legen, dabei ist das Innenteil weggeklappt und schmal festnähen (Reißverschlussfuß einsetzen, um dicht am Druckknopf entlang nähen zu können).

3 Teile A und B r-a-r legen, sodass Markierungen fürs Kartenfach übereinanderliegen, dann das Fach absteppen. Das überstehende Verschlussteil l-a-r aufs Beutelaußen-/Klappenteil A kleben, die obere Schmalseite nach links umfalten, dann das Verschlussteil schmalkantig festnähen (Kartenfach dabei nicht mitfassen).

4 Klappeninnenteil D nach Wunsch bestempeln und Farbe trocknen lassen. Klappe A entlang der Außenkante mit Kleber bestreichen und Teil D l-a-l fixieren. Innenteil A und Außenteil A l-a-l legen, dann Kanten an Seiten und Klappe zusammennähen (Innenteil B nicht mitfassen).

5 Rückseite B nach links umfalten, Unterkante festkleben, dann Außenteil B und Innenteil B l-a-l legen und seitliche Kanten zusammennähen (Teil A nicht mitfassen). Obere Druckknopfteile befestigen.

RUCKSACK

GRÖSSE

ca. 32 cm x 36 cm, 6 cm tief

MATERIAL

Vegatex „Effekt" in Braun, 85 cm x 70 cm und „Vintage" in Grau, 35 x 15 cm

Baumwollstoff in Grau-Beige mit Streifen, 50 cm x 100 cm

Gurtband in Schwarz, 32 mm breit, ca. 2,50 m lang

2 Steckschlösser auf Lederimitat, 40 mm x 55 mm (zum Annähen)

2 Leiterschnallen in Schwarz, 30 mm

2 Klemm-Leiterschnallen in Schwarz, 30 mm

Band in Beige (z.B. Kunstleder oder Veloursleder), 3 mm breit, 80 cm lang

6 Ösen mit Scheiben, ø 4 mm

Kraft- oder Textilkleber

ZUSCHNITT

Schnittmusterbogen A, Teile A–J.
Die Schnitte A–C und H–J ab der Strich-Punkt-Linie/Mitte spiegelgleich ergänzen. Die Schnittteile enthalten, wenn nicht anders angegeben, 0,7 cm NZG.

VEGATEX BRAUN

1x Vorderes Außenteil A

1x Rückwärtiges Außenteil B

1x Außentasche C

Je 2x Streifen D + E

Je 2x Rechtecke F + G (zum Verstärken)

VEGATEX GRAU

1x Klappe H

STOFF

1x Vorderes Innenteil I

1x Rückwärtiges Innenteil J

1x Innentasche K, 24 cm x 16 cm

SCHWIERIGKEITSGRAD

● ● ●

1 Beim rückwärtigen Außenteil B Rechtecke F auf die linke Seite kleben. Vom Gurtband zweimal 12 cm abschneiden, jeweils doppelt legen und eine Leiterschnalle auffädeln, dann auf der rechten Seite der Unterkante festnähen.

2 Bei Außentasche C untere Schlossteile befestigen, von links Rechtecke G aufkleben, dann Schlossteile festnähen. Tasche l-a-r auf Außenteil A legen und Unterkante schmal festnähen, dann entlang den markierten Linien absteppen.

3 Beim Außenteil A jeweils Kante a r-a-r auf Kante b legen, sodass sich eine Ecke bildet. Entlang der Strichelinie bis auf die NZG zusammennähen.

4 Teil A r-a-r auf Teil B legen, seitliche und untere Kanten zusammennähen, dabei vor den unteren Ecken jeweils exakt nahtzugabenbreit stoppen, die Nadel bleibt im Stoff. Nähfuß hochstellen, die Arbeit um 90° drehen, den Fuß wieder senken und weiter nähen. NZG auseinanderstreichen, Ecken abschrägen. Wenden und schön ausformen.

5 Pro Träger vom Gurtband ca. 60 cm und 40 cm abschneiden (zuvor individuell benötigte Länge abmessen und ggf. Maße entsprechend anpassen). Das obere Ende der langen Abschnitte bei Teil B auf der rechten Seite festnähen. An den unteren Enden Klemm-Leiterschnallen einhängen, Bandende 5 cm nach links umfalten und festnähen. Die unteren Enden der kurzen Abschnitte an der Leiterschnalle einhängen, Bandende 3 cm nach links umfalten und festnähen. Das obere Ende durch die Klemm-Leiterschnalle fädeln, dann 3 cm nach links umfalten und festnähen.

6 Bei der Innentasche K die obere Längskante zweimal 0,7 cm breit nach links bügeln und Kante schmal festnähen. Tasche l-a-r auf Teil J legen, seitliche und untere Kanten mit dichtem Zickzackstich festnähen. Vorderes und rückwärtiges Innenteil zusammennähen wie unter Punkt 3 beschrieben. Oberkante 1 cm nach links umfalten, dann Innenteil l-a-l ins Außenteil schieben und Oberkanten zusammennähen, dabei liegen Henkel unten.

7 Klappe H seitlich und unten schmalkantig absteppen. Die Streifen D bündig aufeinanderkleben, ebenso Streifen E, dann jeweils l-a-r auf die Klappe legen und schmalkantig festnähen. Obere Schlossteile festnähen. Klappe l-a-r auf Teil B legen und schmal sowie ca. 1,5 cm breit festnähen.

8 Ösen gemäß Herstellerangaben befestigen. Das Lederband in viermal 20 cm teilen. Je zwei Bänder aufeinanderlegen, an einer Seite die Enden zusammenknoten. Von vorne durch die erste Öse nach innen fädeln, dann durch die mittlere nach außen und durch die hintere wieder nach innen. Die Enden durch die vordere Öse nach außen führen und ebenfalls zusammenknoten. Zum Verringern der Beutelweite die Bandenden anziehen oder einen einfachen Knoten schlingen.

PFLANZEN-ÜBERTOPF

GRÖSSE
ø ca. 23 cm, 23 cm hoch

MATERIAL
Vegatex „Effekt" in Weiß, 85 cm x 25 cm
und „Vintage" in Grau, Rest

Taschenboden aus Strohgeflecht in
Natur, ø 20 cm, ca. 7 cm hoch

8 Nieten in Schwarz, ø 9 mm

Zierrandschere

Kraft- oder Textilkleber

ZUSCHNITT
Schnittmusterbogen A, Teil C.
Den Schnitt ab der Strich-Punkt-Linie/
Mitte spiegelgleich ergänzen.
Die angegebenen Maße enthalten
bereits NZG. Beim Streifen B eine
Längskante mit der Zierrandschere
beschneiden.

VEGATEX WEISS
1x Seitenteil A, 77 cm x 17 cm

1x Streifen B, 77 cm x 1,5 cm

VEGATEX GRAU
2x Henkel C

SCHWIERIGKEITSGRAD
● ○ ○

1 Den Streifen B l-a-r auf die Seitenteil-Oberkante A legen und entlang der geraden Kante schmal festnähen. Auf der rechten Seite, mit 1,5 cm Abstand zur Unterkante, eine Linie markieren (= Klebebereich). Schmalseiten l-a-r 1 cm überlappend aufeinanderlegen und zusammennähen.

2 Beim Taschenboden die vorhandenen Nähte nach Wunsch mit schwarzem Nähfaden übernähen, um sie optisch hervorzuheben.

3 Beim Seitenteil die Unterkante nach und nach mit Kleber bestreichen und r-a-l so am oberen Bodenrand festkleben, dass die markierte Linie knapp überdeckt ist. Den Bodenrand von rechts schmal festnähen.

4 Die Henkelenden C jeweils 2,5 cm breit nach rechts umfalten und festkleben, dann Löcher stanzen. Beim Seitenteil an zwei gegenüberliegenden Stellen die Position für die Henkelenden markieren, siehe Zeichnung auf Bogen A. Dann Henkelenden auflegen, Position der Löcher übertragen und hier ebenso Löcher stanzen. Henkel mit Nieten gemäß Herstellerangaben befestigen.

Pflanze in einem wasserdichten Gefäß einstellen.

MOUSEPADS

1   Die rechte Seite der Tiermotive in Farben nach Wunsch oder gemäß Foto bemalen. Bei Fuchs und Waschbär am besten zuerst die weißen Flächen aufmalen, nach dem Trocknen die schwarzen Flächen ausmalen. Farbe trocknen lassen. Beim Waschbär weiße Lichtrefexe in die Augen malen.

2   Die Tiermotive auf den entsprechenden Filzzuschnitt legen und rundum schmal absteppen. Bei Fuchs und Waschbär zusätzlich die obere Konturlinie der weißen Gesichtsflächen absteppen.

Tipp
Die Tiermotive können mit dem Kopierer beliebig vergrößert oder verkleinert werden. Im großen Format sind sie z. B. lustige Tischsets für Kinder und in kleiner Größe hübsche Schlüsselanhänger. Für die Anhänger vor dem Nähen zwischen Vegatex- und Filzlage eine Schlinge einschieben und mitfassen oder nach dem Nähen eine Öse anbringen.

GRÖSSE
Fuchs 23,5 cm x 24,5 cm,
Waschbär 25 cm x 24 cm,
Katze 23 cm x 23 cm

MATERIAL
Vegatex „Basic" in Braun, Grau und Schwarz, je ca. 30 cm x 30 cm

Textilfilz in passender Farbe, 4 mm stark, je 30 cm x 30 cm

Acryl-Bastelfarbe in Weiß und Schwarz (am besten Stifte wie z. B. Alles-Marker oder Edding)

ZUSCHNITT
Schnittmusterbogen B, Teile A–F. Die Schnitte ab der Strich-Punkt-Linie/Mitte spiegelgleich ergänzen. Die Schnittteile ohne NZG ausschneiden, auf Teile A–C die Innenkonturen übertragen.

VEGATEX
1x Tiermotiv A, B oder C

FILZ
1x Rückwärtiges Teil D, E oder F

SCHWIERIGKEITSGRAD
● ○ ○

VINTAGE-GÜRTELTASCHE

GRÖSSE
ca. 21 cm x 17 cm (ohne Schlaufen)

MATERIAL
Vegatex „Vintage" in Grau, 50 cm x 30 cm

Wachstuch in Grau, Rest

Flechtband in Beige-Blau, 10 mm breit, ca. 26 cm lang

Wachskordel in Schwarz, ø 1 mm, Rest

3 Nieten in Kupfer, ø 9 mm

1 D-Ring, 20 mm

1 Knopf mit Metallöse auf der Rückseite, ø 20 mm

Buchstaben-Stempel, ca. 8 mm hoch

Stempelkissen in Schwarz

Falzbein

Cutter

Kraft- oder Textilkleber

ZUSCHNITT
Schnittmusterbogen B, Teile A–F

Die Schnittteile ohne NZG zuschneiden. Bei Teil A und D die markierten Linien mithilfe des Cutters einschneiden.

VEGATEX
1x Vorderteil A

1x Rückwärtiges Teil B

Je 1x Klappenteil D + E

1x Anhänger F

1x Verschlussteil G, 0,7 cm x 13 cm

1x Rechteck H, 2,5 cm x 3 cm

2x Schlaufe I, 1 cm x 12,5 cm

1x Schlaufe J, 2 cm x 12,5 cm

WACHSTUCH
1x Innentasche C

SCHWIERIGKEITSGRAD
● ● ○

1 Schlaufen I und J jeweils zur Hälfte legen, dann die Enden vorne und hinten an der Oberkante des rückwärtigen Teils B festkleben. Oberkante von rechts schmal und im Abstand von 1,5 cm absteppen. Nieten gemäß Herstellerangaben befestigen.

2 Beim Vorderteil A die Abnäher nähen. Oberkante l-a-r aufs Flechtband legen und schmal festnähen. Verschlussteil G zur Schlinge legen, Enden von rechts in die Einschnitte schieben und Enden auf der linken Seite an der Unterkante bündig festkleben.

3 Beim Klappenteil D auf der linken Seite die gestrichelte Linie falzen. Kante a 1 cm breit nach links umlegen, dann beim Klappenteil E auf Kante b legen und festnähen. Kurze Kante von Rechteck H r-a-l auf der Klappenunterkante festkleben und wie die Klappe mithilfe des Cutters einschneiden.

4 Auf ein Stück Wachskordel den Knopf fädeln, Kordelenden von außen nach innen durch den Klappeneinschnitt fädeln und fest verknoten, Enden kürzen. Das überstehende Rechteckteil nach links umfalten und über dem Knoten festkleben.

5 Auf den Anhänger F den Schriftzug „LIMITED" stempeln. Dann den Anhänger entlang Linie a r-a-r nach oben umfalten, den D-Ring einhängen und dicht neben dem Ring beide Lagen zusammennähen. Nun den Anhänger entlang Linie b nach unten falten, aufs Klappenteil D legen und festnähen.

6 Bei Innentasche C die Oberkante 1,5 cm breit nach links umfalten und festnähen. Tasche l-a-r auf Teil B legen, dabei liegen Unterkanten bündig. Dann Vorderteil und Klappe l-a-r auf Teil B legen, evtl. entlang Nählinien festkleben. Vorderteil bis auf Eingriffkante sowie Klappenoberkante schmal festnähen.

Hinweis

Die Länge der Schlaufen ist passend für einen 4 cm breiten Gürtel. Tragen Sie lieber schmalere oder breitere Gürtel, sollte die Schlaufenlänge entsprechend verkürzt oder verlängert werden.

LIMITED

ETUIS FÜR VISITENKARTEN

GRÖSSE
10 cm x 6 cm, ca. 2 cm hoch

MATERIAL
Vegatex „Basic" in Sahara oder Weiß,
20 cm x 25 cm

Prägemaschine (z. B. Sizzix BigShot)
mit Prägeschablone nach Wunsch

Zierstichfaden oder Stickgarn

Dicke Nähmaschinennadel in Stärke
90 oder 100

Handnähnadel

Falzbein

Cutter

Kraft- oder Textilkleber

ZUSCHNITT
Schnittmusterbogen B, Teile A–D.
Alle Teile ohne NZG zuschneiden. Bei
Teil A mithilfe des Cutters Rechteck
und Einschnitte für den Verschluss
aus- bzw. einschneiden.

VEGATEX
1x Etuiteil A

2x Seitenteil B

1x Verschlusslasche C

1x Verschlussband D

SCHWIERIGKEITSGRAD
● ● ○

1 Das Etuiteil A so in die Schablone legen, dass diese nur die Etuiklappe abdeckt, dann gemäß Herstellerangaben mit der Maschine prägen. Bei allen Teilen auf der linken Seite die gestrichelten Linien (auf der rechten Seite die gepunkteten Linien) falzen und wieder auffalten.

2 Verschlusslasche C entlang der Längsmitte l-a-l zur Hälfte falten, dann beide Längskanten schmal absteppen. Die Enden von Lasche C und Verschlussband D auf der rechten Seite des Etuiteils einstecken und auf der linken Seite festkleben.

Seitenteile B jeweils entlang der Linie a l-a-l legen und zusammenkleben. Kanten fürs Zusammennähen zunächst mithilfe der Nähmaschine lochen, dazu eine dicke Nadel einsetzen und Stichlänge 4 einstellen. Dann jeweils die entsprechenden Kanten von Etuiteil und Seitenteilen l-a-l aufeinanderlegen und ab der Punktmarkierung ohne Nähfaden schmal absteppen bzw. lochen. Kante b l-a-l am Etuiteil festkleben.

3 Die Kanten mit Zierstichfaden und Heftstichen von Hand zusammennähen: Zu Beginn beim Seitenteil von außen nach innen ins erste Loch (= Punktmarkierung) stechen, Enden zusammen so verknoten, dass der Knoten auf der Innenseite liegt, dann beim Etuiteil die Nadel beim ersten Loch von innen nach außen führen. Immer fortlaufend durch zwei gegenüberliegende Löcher stechen, Faden jeweils gut anziehen. Am Ende die Nadel zur Innenseite stechen, Faden verknoten, kürzen und mit etwas Kleber im Falz festkleben.

Tipp
Das stylische Etui ist auch eine raffinierte Geschenkverpackung. Damit selbst größere Gegenstände Platz finden, einfach den Schnitt mit dem Kopierer vergrößern.

MAPPE FÜR REISEUNTERLAGEN

1 Beim Außenteil A auf der linken Seite alle gestrichelten Linien falzen und wieder auffalten. Die Schmalseiten der Verschlusslasche D auf der linken Seite mit Kleber bestreichen, dann l-a-r aufs Außenteil kleben. Nach Wunsch die rechte Seite des Außenteils mit einem Sticker oder einer Applikation verzieren. Wenn eine Stelle gewählt wird, die auf der Innenseite nicht durch eine Tasche abgedeckt ist, sollte das Motiv besser aufgeklebt werden, damit innen nichts von der Befestigung sichtbar ist.

2 Eine der beiden Innentaschen B mit Sticker oder einer Applikation verzieren, wahlweise das Motiv aufnähen, mit Kleber oder Ösen fixieren.

3 Die Innentaschen C spiegelverkehrt übereinanderlegen, rechte Seite ist jeweils oben, dann die verzierte Tasche l-a-r auflegen, dabei darauf achten, dass alle Unterkanten bündig sind. Die obere Tasche kann in gleicher Richtung wie die mittlere Tasche aufgelegt werden (siehe Foto) oder für mehr Kontrast in gleicher Richtung wie die untere Tasche. Die Unterkanten schmalkantig zusammennähen, dann die Taschen auf Fläche b legen und entlang der Unterkante festkleben – so ist auf der Außenseite keine Naht sichtbar. Die übrige Tasche B auf Fläche a legen. Ggf. die Kanten von Außenteil und Taschen rundum bündig schneiden, dann schmal zusammennähen.

GRÖSSE
18,5 cm x 11,5 cm, 1 cm hoch (geschlossen)

MATERIAL
Vegatex „Basic" in Braun, 35 cm x 20 cm und „Effekt" in Stein, 45 cm x 25 cm

2 Sticker oder Applikationen mit Reisemotiv, z. B. eckig, 6 cm x 2 cm oder rund, ø 3,5 cm

Evtl. Ösen, ø 3 mm (zum Befestigen der Sticker)

Falzbein

Kraft- oder Textilkleber

ZUSCHNITT
Schnittmusterbogen B, Teile A–D. Alle Teile ohne NZG zuschneiden.

VEGATEX BRAUN
1x Außenteil A

VEGATEX STEIN
2x Innentasche B (1x gespiegelt)

2x Innentasche C (1x gespiegelt)

1x Verschlusslasche D

SCHWIERIGKEITSGRAD
● ● ○

GRÖSSE

26 cm x 17 cm, 17 cm x 11 cm

MATERIAL

Großes Täschchen

Vegatex „Vintage" in Grau, 30 cm x 50 cm

„Basic" in Stein, 30 cm x 50 cm (für Klappenstreifen linke Seite vom grauen Vegatex verwenden)

Baumwollstoff gemustert, 30 cm x 40 cm

Kunstleder-Label „Handmade" zum Aufnähen, 4 cm x 1 cm

je 1 Steckschloss, ca. 30 x 40 mm

Stempelmotive „Federn", 5 cm lang und Schriftzug „enjoy", ca. 4 cm x 1 cm

Stempelkissen in Weiß und Hellblau

Falzbein

Lochzange

Kraft- oder Textilkleber

Kleines Täschchen

Vegatex „Effekt" in Braun, 20 cm x 30 cm

Baumwollstoff gemustert, 20 cm x 30 cm

2 Druckknöpfe „Color Snap" in Schwarz, ø 12,4 mm

1 Ringel, ø 8 mm

Holzperle in Weiß mit großem Loch, 10 mm x 15 mm

Wachskordel in Schwarz, ø 1 mm, ca. 15 cm lang

Falzbein

Kraft- oder Textilkleber

ZUSCHNITT

Schnittmusterbogen B, Teile A–D

Schnittteil C enthält 0,75 cm NZG. Die übrigen Teile ohne NZG zuschneiden.

VEGATEX

1x Taschenaußenteil A pro Täschchen

1x Klappenstreifen B für großes Täschchen

1x Quaste D und 1x Rechteck E, 0,5 cm x 3 cm für kleines Täschchen

STOFF

1x Innentasche C pro Täschchen

SCHWIERIGKEITSGRAD

TÄSCHCHEN

Großes Täschchen

1 Innentasche C entlang Stoffbruch r-a-r doppelt legen, offene Kanten bis auf Wendeöffnung zusammennähen. NZG auseinanderstreichen, in Ecken abschrägen, an Rundung einschneiden. Innentasche wenden und schön ausformen.

2 Außenteil A auf der linken Seite entlang den markierten Linien falzen und wieder aufklappen. Das steinfarbene Täschchen nach Wunsch bestempeln und Farbe trocknen lassen.

3 Streifen B auf Klappe kleben. Beim grauen Täschchen Label von Hand aufnähen. Für den Verschluss Löcher stanzen. Unteres Steckschlossteil anbringen.

4 Vorderteil entlang der unteren Linie umfalten. Innentasche einlegen. Fortlaufend seitliche Kanten zusammennähen, dabei Wendeöffnung der Innentasche schließen und Taschenklappe absteppen. Oberkante des Klappenstreifens ebenfalls absteppen. Oberes Steckschlossteil anbringen.

Kleines Täschchen mit Anhänger

1 Innentasche nähen wie beim großen Täschchen unter Punkt 1 beschrieben. Untere Druckknopfteile befestigen.

2 Quaste D entlang den Linien einschneiden. Auf linker Seite den oberen Rand mit etwas Kleber bestreichen und einrollen, dabei an der abgeschrägten Seite beginnen. Für den Aufhänger Kordel doppelt legen, Ringel auffädeln, danach Enden zusammennehmen und ca. 1 cm von den Enden entfernt einen Knoten schlingen. In das Perlenloch beidseitig etwas Kleber geben, dann unten Quaste und oben die Kordelenden des Aufhängers einschieben.

3 Außenteil A auf der linken Seite entlang den markierten Linien falzen und Vorderteil nach oben umfalten. Innentasche einlegen. Rechteck E doppelt legen und Ringel auffädeln, danach beim Täschchen seitlich an der markierten Stelle einschieben. Fortlaufend seitliche Kanten zusammennähen, dabei Wendeöffnung der Innentasche schließen, und Taschenklappe absteppen. Obere Druckknopfteile befestigen.

Tipp
Die Innentasche kann
entweder aus Stoff oder aber
ebenfalls aus Vegatex gearbeitet werden,
wahlweise in gleicher Farbe wie das Außenteil oder in einer Kontrastfarbe. Vegatex
jedoch nur einlagig verwenden und ohne NZG
zuschneiden (entlang den Strichellinien). Nach
Wunsch Vegatex Basic nach dem Zuschnitt für einen Used Look etwas
knautschen.

enjoy

Handmade

DEKORATIVE SCHALEN

GRÖSSE

ø ca. 22 cm, 7 cm und 10 cm hoch

MATERIAL

Große Schale

Vegatex „Basic" in Sahara, 40 cm x 40 cm

Baumwollstoff in Hellblau mit Blütenmuster, 40 cm x 40 cm

Stabile Bügeleinlage S 520, 20 cm x 80 cm

Falzbein

Kleine Schale

Vegatex „Basic" in Schwarz, 35 cm x 35 cm

Baumwollstoff in Bunt mit Punktmuster, 35 cm x 35 cm

Stabile Bügeleinlage S 520, 20 cm x 65 cm

Falzbein

ZUSCHNITT

Schnittmusterbogen A, Teile A–D

Schnittteil B an den seitlichen Kanten der Seitenteile mit 0,6 cm NZG ausschneiden. Die übrigen Teile ohne NZG zuschneiden.

VEGATEX

1x Außenteil A

STOFF

1x Innenteil B

BÜGELEINLAGE

1x Boden C (für Innenteil)

5x Seitenteil D (für Innenteil)

SCHWIERIGKEITSGRAD

1　Die Einlageschnittteile C und D auf die linke Stoffseite des Innenteils B bügeln (innerhalb der gepunkteten Linien). Beim Innenteil die nebeneinanderliegenden Seitenteile jeweils r-a-r legen und mit Geradstich füßchenbreit (0,75 cm) bzw. etwas breiter als die für den Zuschnitt angegebene NZG zusammennähen, dabei oben an der Außenkante beginnen. NZG auseinanderbügeln.

2　Beim Außenteil A auf der linken Seite die gestrichelte Bodenlinie falzen. Nebeneinanderliegende Seitenteile jeweils r-a-r legen und mit schmalen Zickzackstichen (Sticheinstellung: Breite 3, Länge 2) zusammennähen, der rechte Stich muss dabei jeweils direkt neben den Kanten nach unten stechen. Außenteil vorsichtig wenden und Nähte jeweils so zurechtziehen, dass die Kanten glatt übereinanderliegen und auf der Außenseite die Querfäden sichtbar sind.

3　Das Innenteil l-a-l ins Außenteil legen, ggf. bündig schneiden, dann die oberen Kanten zusammenklemmen. Von der Innenseite aus die Kanten mit dichten Zickzackstichen zusammennähen, der rechte Stich muss dabei jeweils direkt neben den Kanten nach unten stechen, damit sie schön umschlossen werden können.

KLEINE BOXEN

1   Bei Unterteil und Deckel auf der linken Seite alle gestrichelten Linien falzen (Die diagonalen Falzlinien beim Deckel haben nur dekorative Funktion). Beim Unterteil auf der rechten Seite die gepunkteten Bodenlinien falzen. In die Deckelmitte ein Loch stanzen. Die rechte Seite von Unterteil und Deckel nach Wunsch bemalen, Farbe trocknen lassen.

2   In Deckelmitte Öse gemäß Herstellerangaben befestigen. Bei der großen Box das Folien-rechteck mit Klebeband von links über dem ausgeschnittenen Fenster des Unterteils befestigen. Nach Wunsch das Fenster von rechts absteppen.

3   Beim Unterteil die jeweils nebeneinanderlie-genden Seitenteile l-a-l legen und Kanten zusammennähen. NZG auf 2 mm Breite zurückschneiden. Beim Deckel ebenso die Kanten der Seitenteile zusammennähen und NZG zurückschneiden.

4   Unterteil und Deckel schön ausformen. Kor-delenden von außen nach innen durch die Öse schieben und Kordelenden zusammen verknoten.

GRÖSSE
8 cm x 8 cm, 10, 5 cm hoch
6,5 cm x 6,5 cm, 7 cm hoch

MATERIAL
Vegatex „Basic" in Weiß, für die große Box 35 cm x 35 cm, für die kleine Box 30 cm x 30 cm
Rest stabile Folie, 0,4 mm stark (für die große Box)
Wachskordel in Braun, ø 2 mm, je ca. 18 cm lang
Je 1 Öse in Weiß, ø 4 mm
Acryl-Bastelfarbe in Gelb, Grün, Hellblau und Blau
Pinsel
Falzbein
Cutter
Doppelseitiges Klebeband, 5 mm breit

ZUSCHNITT
Schnittmusterbogen B, Teile A – D
Die Schnittteile enthalten 0,5 cm NZG.
Bei der großen Box das Fenster mithilfe des Cutters ausschneiden.

VEGATEX
Große Box: 1x Unterteil A
             1x Deckel B
Kleine Box: 1x Unterteil C
             1x Deckel D

STABILE FOLIE
1x Rechteck, 6 cm x 4,5 cm (für große Box)

SCHWIERIGKEITSGRAD
● ○ ○

BODENKISSEN

GRÖSSE

55 cm x 55 cm, 20 cm hoch

MATERIAL

Vegatex „Vintage" in Grau,
65 cm x 95 cm

Jutesack mit Aufdruck
(z. B. gebrauchter Kaffeesack),
ca. 65 cm x 95 cm

Gurtband in Schwarz,
2,5 cm breit, 35 cm lang

Flechtband in Beige-Schwarz,
1,5 cm breit, 45 cm lang

Gewachstes Garn oder Zwirn,
extra stark (zum Nähen mit der Hand)

Wer kein gewachstes Garn zur Hand
hat, kann stattdessen eine dünne
Kordel oder Stickgarn über eine
Kerze entlang reiben.

Handnähnadel

Falzbein

Styroporgranulat
(Kügelchen, ø 3 mm), ca. 1100 g

ZUSCHNITT

Die angegebenen Maße enthält
1 cm NZG. Teil C enthält entlang der
Mittelnaht 1,5 cm NZG.

Wird grob gewebter Stoff verwendet,
sollten Kissenoberseite und -boden
nach dem Zuschnitt mit Bügel-
Vlieseline verstärkt werden.

VEGATEX

4x Seitenteil A, 57 cm x 22 cm

JUTE

1x Oberteil B, 57 cm x 57 cm

2x Bodenhälfte C, 57 cm x 30 cm

SCHWIERIGKEITSGRAD

● ● ○

1 Bei Oberteil B und Bodenhälften C die Kanten ringsum mit Zickzackstich versäubern.
Pro Griff 16 cm Gurtband und 20 cm Flechtband zuschneiden. Flechtband in Längsmitte aufs Gurtband legen, Enden nach links umlegen, dann von rechts knappkantig zusammennähen. Jeweils in Längsmitte auf ein Seitenteil A legen und Enden festnähen.

2 Seitenteile auf der linken Seite rundum im Abstand von 7 mm zu den Kanten falzen. Alle Seitenteile aneinandernähen (abwechselnd Teil mit und ohne Griff), dazu die Schmalseiten jeweils r-a-r legen und bis auf obere und untere NZG zusammennähen. NZG auseinanderstreichen und an den Enden abschrägen. Wenden. Von der rechten Seite aus die Verbindungsnähte, jeweils im Abstand von 5 mm, beidseitig absteppen, dabei NZG mitfassen. Seitenteil wenden.

3 Für den Boden die Hälften r-a-r legen und an einer Längskante zusammennähen, dabei mittig eine ca. 30 cm lange Wende-öffnung lassen. NZG auseinanderstreichen.
Seitenteil r-a-r aufs Oberteil legen und Kanten zusammennähen, dabei jeweils nahtzugabenbreit vor der Ecke stoppen, die Nadel bleibt im Stoff. Nähfuß hochstellen, die Arbeit um 90° drehen, Fuß senken und so ringsum weiternähen. NZG auseinanderstreichen, in den Ecken abschrägen. Dann gegenüberliegende Kante des Seitenteils ebenso am Boden festnähen.

4 Das Kissen wenden und schön ausformen. Im Abstand von ca. 1 cm zur Kante Oberteil und Seiten ringsum mit ca. 12 cm langen Heftstichen und Garn von Hand zusammennähen. Das Styroporgranulat am besten mithilfe eines großen Trichters einfüllen. Die Öffnung von Hand mit Leiterstichen schließen.

Tipp
Gebrauchte Jute-
säcke können im Internet
bestellt werden. Alternativ eignet
sich auch Meterware wie Leinen,
Baumwolle oder Canvas in fester
Qualität, Schriftzüge können
aufgestempelt oder schablo-
niert werden.

AUFBEWAHRUNGSKORB

GRÖSSE

ø ca. 35 cm, 45 cm hoch

MATERIAL

Vegatex „Vintage" in Sand,
110 cm x 90 cm (für oberes Seitenteil
linke Seite vom sandfarbenen
Vegatex verwenden)

Baumwollstoff in Weiß mit braunem
Rautenmuster, 110 cm x 90 cm

Kunstleder-Label „Handmade"
zum Aufnähen, 4 cm x 1 cm

4 Ösen mit Scheiben in Schwarz,
ø 14 mm

Kordel, ø 10 mm, ca. 70 cm lang

Falzbein

Kraft- oder Textilkleber

ZUSCHNITT

Schnittmusterbogen A, Teil A

Die Schnittteile und Maße enthalten,
wenn nicht anders angegeben,
0,7 cm NZG.

VEGATEX

1x Boden A (außen)

1x Unteres Seitenteil B,
107,5 cm x 34,5 cm

1x Oberes Seitenteil C,
107,5 cm x 12 cm

STOFF

1x Boden A (innen)

1x Seitenteil D, 106,5 cm x 46 cm
(innen)

SCHWIERIGKEITSGRAD

● ● ●

1 Am oberen Seitenteil C Position für Ösen markieren, siehe Zeichnung auf Bogen A, dann die Ösen gemäß Herstellerangaben befestigen. Label von Hand an der gewünschten Stelle mit ca. 2 cm Abstand zur Unterkante von Hand aufnähen. Auf der rechten Seite mit 0,7 cm Abstand zur Unterkante eine Linie markieren. Oberkante des unteren Seitenteils B entlang dieser Linie l-a-r festkleben. Trocknen lassen. Dann die Oberkante von Teil B schmalkantig festnähen. Seitliche Kanten r-a-r legen und zusammennähen. NZG auseinanderstreichen.

2 An Außenboden und Unterkante von Seitenteil B Viertelabschnitte markieren. Seitenteil auf der linken Seite im Abstand von 7 mm zur Unterkante falzen, dann NZG in kurzen Abständen ringsum einschneiden und r-a-r am Boden festkleben, dabei liegen Markierungen übereinander. Nach dem Trocknen die Kanten zusammennähen, dabei muss das Seitenteil zusammengedrückt werden. Beim Nähen immer wieder stoppen, um den jeweiligen Bereich vor dem Nähfuß flach zu drücken. NZG zurückschneiden. Korb wenden und schön ausformen.

3 Für die Griffe Kordel halbieren, Enden von außen durch die Ösen nach innen schieben. An den Enden jeweils einen möglichst festen Knoten schlingen und mit etwas Kleber bestreichen.

4 Beim Seitenteil D die Oberkante 1 cm breit nach links umbügeln und wieder auffalten. Seitliche Kanten r-a-r legen und zusammennähen. NZG auseinanderbügeln. NZG an der Unterkante ringsum einschneiden, r-a-r am Innenboden feststecken und Kanten zusammennähen. NZG zurückschneiden. An der Oberkante die NZG wieder nach links umlegen.

5 Innenteil l-a-l ins Außenteil schieben, Oberkanten zusammenklemmen und zusammennähen.

ZEITSCHRIFTENHALTER

GRÖSSE

30 cm x 60 cm, ca. 10 cm tief

MATERIAL

Vegatex „Vintage" in Grau, 95 cm x 50 cm, „Basic" in Stein, 40 cm x 70 cm

Haftverschlussband in Schwarz, 2 cm breit, 56 cm lang

10 Nieten in Kupfer, ø 9 mm

Stempelmotiv „Raute", ca. 2,7 cm x 3,5 cm

Stempelkissen in Weiß

Keilrahmen, 30 cm x 60 cm x 1,7 cm

Möbeltacker

Aufhänger für Keilrahmen

Falzbein

Krepp-Klebeband oder Masking Tape

Doppelseitiges Klebeband

ZUSCHNITT

Schnittmusterbogen A, Teil A

Schnittteil A enthält 0,5 cm NZG. NZG einschneiden, siehe Scherensymbole.

VEGATEX GRAU

2x Tasche A

VEGATEX STEIN

1x Rückteil B, 37,5 cm x 67,5 cm

SCHWIERIGKEITSGRAD

● ● ○

1   Bei Tasche A jeweils auf der linken Seite alle Strichellinien falzen. Auf der rechten Seite des Vorderteils mit Krepp-Klebeband Kanten um Motivfläche herum abdecken und gut andrücken, damit keine Farbe unterlaufen kann. Mit Rauten bestempeln und Farbe trocknen lassen. Verschlussband halbieren, dann jeweils das flauschige Teil des Bandes auf der rechten Seite des rückwärtigen Taschenteils festnähen, zuvor am besten mit doppelseitigem Klebeband fixieren.

2   Beim rückwärtigen Taschenteil die Oberkante 2 cm breit absteppen. Für die seitliche Bodennaht jeweils Kante a r-a-r auf Kante b legen, sodass sich eine Ecke bildet, und die kurzen Kanten zusammennähen. Wenden. Dann die seitlichen Kanten c und d l-a-l legen und zusammennähen.

3   Beim Rückteil B auf der linken Seite ringsum Linien markieren und falzen: im Abstand von 1,7 cm und 3,5 cm zur Außenkante. Dann alle Ecken ausschneiden, siehe Zeichnung auf Bogen A. NZG an der mit Scherensymbol markierten Stelle einschneiden.

Tipp

Wer kein Stempelmotiv zur Hand hat, findet auf dem Schnittmusterbogen A Vorlage C für eine Raute. Kontur mit einem Stift auf einen weichen Radiergummi übertragen. Gummi um das Motiv herum mithilfe eines Bastelmessers schön glatt wegschneiden, dabei aber nicht komplett durch das Gummi sondern nur etwa zur Hälfte einschneiden. Auf diese Weise ist das Motiv erhaben und lässt sich prima aufstempeln.

4   Rückteil probeweise auf den Keilrahmen legen und Kanten in Form falten: Zuerst die kurze Kante zur Rahmenrückseite umlegen, NZG a liegt auf der langen Rahmenseite. NZG b auf linke Vegatexseite umfalten, dann die lange Kante zur Rahmenrückseite umlegen. Rückteil wieder abnehmen und die Hakenteile des Verschlussbandes auf der rechten Seite festnähen, siehe Zeichnung auf Bogen A. Das Rückteil dabei einrollen, um es beim Durchlass der Nähmaschine durchschieben zu können.

5   Für die Nieten zunächst Löcher an den markierten Stellen stanzen. Taschen aufs Rückteil legen, Verschlussbänder liegen dabei passgenau übereinander, dann Position der Löcher auf das Rückteil übertragen und hier ebenso Löcher stanzen. Taschen mit Nieten gemäß Herstellerangaben am Rückteil befestigen. Nun das Rückteil auf den Keilrahmen legen und Ränder auf der Rahmenrückseite festtackern. Zuletzt die Aufhänger anbringen.

SPIELZEUGKÖFFERCHEN

GRÖSSE

Ca. 28 cm x 20 cm, 10 cm tief

MATERIAL

Vegatex „Basic" in Weiß, 90 cm x 40 cm

Baumwollstoff in Rot mit weißen Pünktchen, Rest

Reißverschluss, 70 cm lang (Meterware), mit 2 Schiebern

Dekoband in Türkis, 10 mm breit, 16 cm lang

Wasserfeste Farbe in Hellgrün und Hellblau (z. B. Textil- oder Acrylfarbe)

Pinsel

Falzbein

Kraft- oder Textilkleber

Abdeck-Klebeband oder Masking Tape, 6 mm breit

ZUSCHNITT

Schnittmusterbogen B, Teile A–G, für Teile B und C den Schnitt ab der Strich-Punkt-Linie/ Mitte spiegelgleich ergänzen. Auf Kreis E den Stern markieren und ausschneiden.

Die Schnittteile A–D enthalten 0,7 cm NZG. Diese am besten zunächst etwas größer als benötigt zuschneiden und erst nach dem Bemalen exakt entlang der Außenkontur ausschneiden. Auf diese Weise lassen sich unerwünschte Farbränder an den Innenkanten vermeiden.

VEGATEX

2x Seitenteil A

1x Rechteck B (für Mittelteil)

1x Rechteck C (für Mittelteil)

1x Boden D

1x Kreis E

1x Griff G

STOFF

1x Kreis F

SCHWIERIGKEITSGRAD

● ● ●

1   Jeweils die rechte Seite bemalen: Teile A und B in Hellblau, Teil D in Hellgrün. Bei Teil C Streifen a und b mit Klebeband abdecken und gut andrücken, damit keine Farbe unterlaufen kann, dann hellgrün bemalen. Farbe trocknen lassen. Bei Teilen A bis D und G auf der linken Seite alle Strichelinien falzen. Bei Teil G auf der rechten Seite die gepunkteten Linien falzen.

2   Den Reißverschluss r-a-l auf die langen Kanten der Rechtecke kleben (Der fertig eingenähte Reißverschluss ist 1 cm breit sichtbar). Auf der rechten Seite die Kanten absteppen. Überstehende Reißverschlussenden abschneiden.

3   Beim Dekoband die Enden nach links umlegen, dann mittig auf den Griff kleben und schmal absteppen. Griffenden auf Rechteck C festnähen. Kurze Kanten von Boden D l-a-r auf kurze Kanten von Rechteck B/C kleben, dabei treffen Nahtzahlen aufeinander, dann von rechts zusammennähen (= Mittelteil).

4   Rückseite von Kreis E mit Kleber bestreichen, dann Kreis F mit der rechten Seite auflegen und glatt streichen. Stern schmalkantig absteppen. Den Kreis mittig aufs vordere Seitenteil A kleben, dann rundum schmal absteppen.

5   Das Mittelteil r-a-r am Seitenteil festklemmen, an Rundungen NZG des Mittelteils in kurzen Abständen einschneiden. Es empfiehlt sich, an den Rundungen die NZG aufeinanderzukleben. Kanten zusammennähen. Das andere Seitenteil ebenso anbringen, dabei ist der Reißverschluss offen. An Rundungen NZG zurückschneiden. Köfferchen wenden und von innen sorgfältig ausformen. Ecken und Rundungen mithilfe des abgerundeten Endes von Ecken- und Kantenformer oder Falzbein in Form bringen, dabei NZG zum Mittelteil hin umlegen.

REISE-BACKGAMMON

GRÖSSE

Spielplan 27 cm x 37,5 cm

MATERIAL

Vegatex „Effekt" in Braun, 40 cm x 40 cm sowie Rest in Weiß und Stein

Kunstleder in Türkis, 30 cm x 40 cm

Reißverschluss in Türkis, 35 cm lang (Meterware), mit 1 Schieber

Vliesofix, Rest

Falzbein

Kraft- oder Textilkleber

Wonder Tape, 6 mm breit

2 Ösen mit Scheiben in Schwarz, ø 4 mm

Band in Beige, 4 mm breit, ca. 100 cm lang

ZUSCHNITT

Schnittmusterbogen B, Teile A–E, für Teile A–C den Schnitt ab der Strich-Punkt-Linie/Mitte spiegelgleich ergänzen.

Alle Teile ohne NZG zuschneiden.

Applikation: Vorlage D zunächst auf die Vliesofix-Papierseite aufzeichnen, großzügig ausschneiden, auf die linke Vegatexseite aufbügeln und erst dann exakt ausschneiden.

VEGATEX BRAUN

1x Spielplan A

1x Spielstein-Box C

VEGATEX STEIN

2x Verschlussteil E

12x Dreieck D (= Applikation)

VEGATEX WEISS

12x Dreieck D (= Applikation)

KUNSTLEDER

1x Unterteil B

SCHWIERIGKEITSGRAD

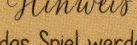

1 Dreiecke D auf rechte Seite von Spielplan A bügeln, dabei darauf achten, dass die Farben sich sowohl nebeneinander als auch gegenüber abwechseln, dann mit Geradstich dicht entlang den Kanten aufnähen.

2 Bei Verschlussteilen E jeweils ein Loch für die Ösen stanzen, dann auf rechter Seite von Unterteil B aufkleben und rundum knappkantig absteppen. Unterteil l-a-l auf den Spielplan legen und 4 mm breit zusammennähen. Ösen gemäß Herstellerangaben anbringen. Band halbieren und Abschnitte an den Ösen befestigen. Im Abstand von ca. 1 cm zu den Enden jeweils einen Knoten schlingen und die Enden zweimal einschneiden (= Fransen).

3 Bei Box C auf der linken Seite die Strichellinien, auf der rechten Seite die gepunkteten Linien falzen und wieder auffalten. Schmalseiten jeweils entlang den Teilen c und d einschneiden.

4 Reißverschluss öffnen und Schieber entfernen. Auf der linken Seite des Boxoberteils entlang der Strichellinie Wonder Tape fixieren. Reißverschlusshälften jeweils mit der rechten Seite darauf legen und andrücken. Von der rechten Boxseite aus Längskanten schmal festnähen. Schieber wieder auffädeln, Reißverschluss schließen und an beiden Enden drei- bis viermal quer über das Band nähen, damit der Schieber nicht mehr herausrutschen kann. Überstehende Enden abschneiden.

5 An der Boxschmalseite Flächen l-a-l kleben: zuerst a auf b, dann c auf d. Teil d nach oben falten und sowohl an Reißverschluss als auch der Schmalseite festkleben. Dann die seitlichen, dreieckigen Teile nacheinander umfalten und festkleben. Außenseite des Bodens mit Kleber bestreichen und auf Spielplan festkleben.

WINDLICHTER

GRÖSSE

ø ca. 9 cm, 10,5 cm und 13,5 cm hoch

MATERIAL

Vegatex „Vintage" in Weiß und Grau,
je 50 cm x 20 cm

Stanz- und Prägemaschine
(z. B. Sizzix BigShot) mit Bordüren-Stanzer,
4-5 cm breit, ca. 30 cm lang

Falzbein

Kraft- oder Textilkleber

Zusätzlich fürs weiße Windlicht Schmetterling-
Stanzer, ca. 5 cm x 3,5 cm
sowie Wachskordel in Weiß, ø 1 mm

ZUSCHNITT

Schnittmusterbogen B, Teil A

Das Schnittteil A enthält 0,5 cm NZG.

Bei den Seitenteilen B und C ist die Höhe nach
Wunsch variierbar. Für Teil C zunächst ein
Rechteck zuschneiden, das rundum etwas größer
ist als das benötigte Endmaß und erst nach dem
Stanzen die Länge zurechtschneiden.

VEGATEX GRAU

1x Boden A

1x Unteres Seitenteil B, 29,5 cm x 7,5 cm

1x Oberes Seitenteil C, 29,5 cm x 5 cm
(= benötigtes Endmaß)

VEGATEX WEISS

1x Boden A

1x Unteres Seitenteil B, 29,5 cm x 10 cm

1x Oberes Seitenteil C, 29,5 cm x 4 cm
(= benötigte Endmaß)

SCHWIERIGKEITSGRAD

● ● ○

1 Das Rechteck fürs obere Seitenteil C gemäß Herstellerangaben mit der Maschine stanzen, dann die Unterkante l-a-r auf Oberkante des unteren Seitenteils B legen und festnähen.

2 Das Seitenteil auf der linken Seite im Abstand von 5 mm zur Unterkante falzen. Das Teil zum Rund legen, dabei liegt die linke Seite außen und die kurzen Kanten r-a-l 7 mm überlappend aufeinanderkleben.

3 An Boden und Unterkante Viertelabschnitte markieren. An der Unterkante NZG in ca. 5 mm langen Abständen einschneiden, nach außen falten, dann r-a-r am Außenboden festkleben, dabei liegen Markierungen übereinander. Ggf. mit einer Hand das Seitenteil von innen nach außen so zurechtschieben, dass die Kanten bündig sind.

4 Nach dem Trocknen die Kanten zusammennähen, dabei muss das Seitenteil zusammengedrückt werden. Beim Nähen immer wieder stoppen um den jeweiligen Bereich vor dem Nähfuß flach zu drücken. NZG auf 2-3 mm Breite zurückschneiden.

5 Das Windlicht wenden. Da sich das Material nicht dehnt, ist das Wenden etwas schwierig – dabei ruhig beherzt zugreifen, das Material ist robust. Die Naht ausformen, dazu die Bodenkante mit den Fingern einige Male etwas hin- und herrollen, bis die Naht schön mittig liegt.

6 Fürs weiße Windlicht einen Schmetterling aus weißem Papier stanzen und innen aufs untere Seitenteil kleben. Unterhalb der Bordüre drei Runden Wachskordel umkleben, Enden verknoten. Das Teelicht zur Sicherheit in einem kleinen Glas einstellen und nicht unbeaufsichtigt brennen lassen.

Tipp

Die Windlichter eignen
sich auch prima als Ordnungs-
helfer für Stifte, Lineale, Scheren usw.
oder als Übertöpfe für kleine Pflanzen
und Kräuter im wasserdichten Gefäß.
Wenn vorher ein Wasserglas hinein-
gestellt wird, ist es auch als
Vase für Schnittblumen
sehr dekorativ.

STIFTEMÄPPCHEN

1 Beim Mäppchen auf der linken Seite die Strichellinien (auf der rechten Seite die gepunkteten Linien) falzen, vorfalten und wieder öffnen. Schmalseiten zwischen Teil b und d einschneiden. Den Hund auf der rechten Seite an der gewünschten Stelle auf ein Seitenteil bügeln, dann mit Geradstich schmalkantig festnähen.

2 Auf der linken Seite des Oberteils entlang der äußeren Längskanten Wondertape fixieren. Zuerst eine Hälfte des Reißverschlusses mit der rechten Seite darauf legen und andrücken, dabei darauf achten, dass die oberen Stopperteile des Reißverschlusses am markierten Querstrich liegen (der fertig eingenähte Reißverschluss ist 2 cm sichtbar). Von der rechten Seite aus Längskante mit dekorativem Zickzackstich festnähen. Den Reißverschluss öffnen und die andere Hälfte ebenso festnähen. Überstehende Bandenden abschneiden.

3 An der Schmalseite des Mäppchens Flächen l-a-l kleben: zuerst a auf b, dann c auf d. Druckknöpfe gemäß Herstellerangaben anbringen. Dann die dreieckigen Teile c mit Kleber bestreichen und nacheinander sowohl an Reißverschluss als auch der Schmalseite festkleben. Teil b nach oben falten und Druckknopfteile zusammendrücken.

GRÖSSE
19 cm x 7,5 cm, 5,5 cm hoch

MATERIAL
Vegatex „Effekt" in Stein, 35 cm x 30 cm

Baumwollstoff in Grün mit weißen Punkten, Rest

Reißverschluss in Pink-Türkis, 3,5 cm breit, 30 cm lang

Vliesofix, Rest

4 Druckknöpfe „Color Snap" in Türkis (je 4-tlg.), ø 12,4 mm

Falzbein

Kraft- oder Textilkleber

Wondertape, 6 mm breit

ZUSCHNITT
Schnittmusterbogen A, Teile A + B, für Teil A den Schnitt ab der Strich-Punkt-Linie/Mitte spiegelgleich ergänzen.

Teile ohne NZG zuschneiden.

Applikation: Vorlage B zunächst auf die Vliesofix-Papierseite aufzeichnen, großzügig ausschneiden, auf die linke Stoffseite aufbügeln und erst dann exakt ausschneiden.

VEGATEX
1x Mäppchen A

STOFF
1x Hund B (Applikation)

SCHWIERIGKEITSGRAD
● ● ●

HANDYHÜLLE

Hinweis
Die individuell benötigte Hüllengröße für das eigene Handy kann wie folgt ermittelt werden:
Höhe: Handyhöhe + Tiefe + 0,5 cm NZG an Unterkante + ca. 1 cm Überstand an Oberkante (oder nach Wunsch)
Breite: Handybreite + Tiefe + 1 cm NZG (= 2x 0,5 cm an den Seitenkanten)

1 (Schritt 1 entfällt, wenn Teil B mit einem bereits aufgenähten Täschchen ausgeschnitten wurde.) Die Oberkante von Täschchen C versäubern und 1,5 cm breit nach links umbügeln, NZG an den Enden abschrägen, dann von der rechten Seite aus 1 cm breit absteppen. Erst die unteren Kanten, danach die seitlichen Kanten umbügeln, siehe Zeichnung auf Vorlagenbogen A.
Täschchen l-a-r auf Taschenteil B legen, Labelrand unterschieben, dann das Täschchen bis auf Oberkante schmal festnähen. Nach Wunsch eine Ziernaht nähen. Nieten gemäß Herstellerangaben anbringen.

2 Beim Taschenteil B rundum die Kanten versäubern (mit Zackenschere, Overlock- oder Zickzackstich). Die Oberkante 1,5 cm breit nach links umbügeln, NZG an den Enden abschrägen, dann von der rechten Seite aus 1 cm breit absteppen.

3 Taschenteilunterkante 1 cm nach links umbügeln, NZG an den Enden abschrägen. Nun das Teil l-a-r aufs vordere Hüllenteil A legen und die Unterkante von rechts schmal festnähen. Die seitlichen Jeanskanten auf die linke Seite des vorderen Hüllenteils umlegen und festkleben.

4 Vorderes und rückwärtiges Hüllenteil l-a-l aufeinanderlegen, evtl. die seitlichen und unteren Kanten mit Kleber fixieren, dann schmal zusammennähen. Die drei sichtbaren Ecken des Vegatex etwas abrunden.

GRÖSSE
9,5 cm x 14,5 cm

MATERIAL
Vegatex „Vintage" in Sand, 25 cm x 20 cm

Ausgediente Jeanskleidung (z.B. Hose) oder Rest Jeansstoff

Kraft- oder Textilkleber

2 Nieten, ø 9 mm und kleines Label/Etikett (falls Täschchen C selbst genäht wird)

ZUSCHNITT
Schnittmusterbogen A, Teile A–C

Teil A ohne NZG zuschneiden. Teile B und C enthalten oben 1,5 cm, seitlich und unten 1 cm Zugabe – Schnitteil B an der gewünschten Stelle aufs Kleidungsstück legen und, falls möglich, mit aufgesetztem Täschchen ausschneiden. Besonders an der oberen Kante sieht es hübsch aus, wenn eine vorhandene Naht integriert werden kann. Verlaufen Nähte über den ausgewählten Stoffbereich, NZG an den Enden abschrägen. Ggf. Futter an den Kanten zurückschneiden, damit die Stofflagen weniger dick sind. Teil C nur ausschneiden, wenn für das Taschenteil ein separates Täschchen angefertigt wird.

VEGATEX
2x Rechteck A (vorderes und rückwärtiges Hüllenteil)

JEANS
1x Taschenteil B

1x Täschchen C

SCHWIERIGKEITSGRAD
● ● ○

Buchempfehlungen für Sie

TOPP 6453

ISBN 978-3-7724-6453-9

TOPP 6978

ISBN 978-3-7724-6978-7

TOPP 6467

ISBN 978-3-7724-6467-6

TOPP 6413

ISBN 978-3-7724-6413-3

TOPP 6450

ISBN 978-3-7724-6450-8

TOPP 6976

ISBN 978-3-7724-6976-3

TOPP 7686

ISBN 978-3-7724-7686-0

TOPP 6455

ISBN 978-3-7724-6455-3

TOPP 6444

ISBN 978-3-7724-6444-7

Kreativ-Bücher finden Sie auf www.TOPP-kreativ.de

Weitere Ideen zum Selbermachen gesucht?

Lieblingsstücke von einfach bis einfach genial finden Sie bei TOPP! Lassen Sie sich auf unserer Verlagswebsite, per Newsletter oder in den sozialen Netzwerken von unserer Vielfalt inspirieren!

Website

Verlockend: Welcher Kreativratgeber soll es für Sie sein? Schauen Sie doch auf **www.TOPP-kreativ.de** vorbei & stöbern Sie durch die neusten Hits der Saison!

TOPP-Autoren

Sie wollen wissen, wer die „Macher" unserer Bücher sind? Wer Ihnen nützliche Tipps & Tricks gibt? Auf **www.TOPP-kreativ.de/Autor** warten jede Menge spannender Infos zum jeweiligen Autor auf Sie. Finden Sie heraus, welches Gesicht hinter Ihrem Lieblingsbuch steckt!

Facebook

Werden Sie Teil unserer Community & erhalten Sie brandaktuelle Informationen rund ums Handarbeiten auf **www.Facebook.com/Mitstrickzentrale** Wer sich für Basteln, Bauen, Verzieren & Dekorieren interessiert, ist auf **www.Facebook.com/Bastelzentrale** genau richtig!

Pinterest

Sie sind auf der Jagd nach den neusten Trends? Sie suchen die besten Kniffe? Die schönsten DIY-Ideen? All' das & noch vieles mehr gibt es von TOPP auf **www.Pinterest.de/Frechverlag**

Newsletter

Bunt, fröhlich & überraschend: Das ist der TOPP-Newsletter! Melden Sie sich unter: **www. TOPP-kreativ.de/Newsletter** an & wir halten Sie regelmäßig mit Tipps & Inspirationen über Ihr Lieblingshobby auf dem Laufenden!

Extras zum Download in der Digitalen Bibliothek

Viele unserer Bücher enthalten digitale Extras: Tutorial-Videos, Vorlagen zum Downloaden, Printables & vieles mehr. Dieses Buch auch? Dann schauen Sie im Impressum des Buches nach. Sofern ein Freischaltcode dort abgebildet ist, geben Sie diesen unter **www.TOPP-kreativ.de/DigiBib** ein. Nach erfolgreicher Registrierung erhalten Sie Zugang zur digitalen Bibliothek & können sofort loslegen.

YouTube

Sie wollen eine ganz neue Technik ausprobieren? Sie arbeiten an einem spannenden Projekt, aber wissen nicht weiter? Unsere Tutorials, Werbetrailer, Interviews & Making Of's auf **www.YouTube.com/Frechverlag** helfen Ihnen garantiert dabei, den passenden Ratgeber von TOPP zu finden.

Instagram

Sie sind auf Instagram unterwegs? Super, TOPP auch. Folgen Sie uns! Sie finden uns auf **www.Instagram.com/Frechverlag** Möchten Sie uns an Ihrem Lieblingsprojekt teilhaben lassen? Am besten posten Sie gleich ein Foto mit dem Hashtag **#frechverlag** & wir stellen Ihr Werk gerne unserer Community vor – yeah!

Alles in einer Hand gibt's hier:

Kreativ-Bücher finden Sie auf www.TOPP-kreativ.de

DIE AUTORIN

KARIN ROSER   bereits mit neun Jahren entdeckte Karin Roser ihre
große Leidenschaft fürs Nähen, die sich seither wie ein „roter Faden"
durch ihr Leben zieht. Im Vordergrund steht dabei für sie nicht in erster
Linie das Ergebnis, sondern das eigentliche Tun, das Erfinden, das Nähen.
Mittlerweile arbeitet sie seit vielen Jahren als freischaffende Redakteurin,
Designerin und Autorin mit Schwerpunkt Kreativität in Familie und Freizeit
für verschiedene Fachzeitschriften und Bücher renommierter Verlage.
Und weil sie ihre Liebe zum Selbermachen auch gern mit anderen teilt, vor
allem in geselliger, fröhlicher Runde, leitet sie zudem Workshops rund um
das Thema Nähen. Hier vermittelt sie u. a. ihr besonderes Faible für Upcycling
und zeigt, welch Potenzial in ausgedienten Dingen steckt. Dabei ist kein
Material vor ihr sicher!

HERSTELLERVERZEICHNIS

Wir danken folgenden Firmen für die freundliche
Unterstützung mit Materialien bei diesem Buch:
Buntpapierfabrik Ludwig Bähr GmbH & Co. KG,
www.ludwigbaehr.de (Vegatex)
Baier & Schneider GmbH & Co. KG,
www. knorrprandell.com (Bastelartikel)
Coats GmbH, www.makeitcoats.com (Stoffe)
Freudenberg Vliesstoffe KG, www.vlieseline.de
(Näh- und Bügeleinlagen)
Gütermann GmbH, www.guetermann.com (Stoffe, Nähfaden)
Heindesign, www.heindesign.de (Stempel und Zubehör)
Prym Consumer GmbH, www.prym-consumer.com (Kurzwaren)
Rayher Hobby GmbH, www.rayher-hobby.de (Bastelartikel)

IMPRESSUM

FOTOS: frechverlag GmbH, Turbinenstraße 7,
70499 Stuttgart; lichtpunkt GmbH, Michael Ruder
PRODUKTMANAGEMENT: Nina Armbruster
LEKTORAT: Lisa-Marie Weigel
REIHENLAYOUT: Katrin Röhlig
SATZ: Reemers Publishing Services GmbH, Krefeld
DRUCK UND BINDUNG: STÜRTZ GmbH, Würzburg

1. AUFLAGE 2016
© 2016 FRECHVERLAG GMBH, 70499 STUTTGART

ISBN 978-3-7724-6979-4 • BEST.-NR. 6979